ХТО ЖИВЕ У ЛІСІ?

WHO LIVES IN THE WOOD?

CHATTY PARROT

ХТО ЖИВЕ У ЛІСІ?

ВЕДМІДЬ
BEAR

ЗАЄЦЬ
HARE

ЗОЗУЛЯ
CUCKOO

КАБАН
BOAR

ОСА
YELLOW JACKET

ЇЖАЧОК
HEDGEHOG

ВИДРА
OTTER

ДЯТЕЛ
WOODPECKER

БІЛКА
SQUIRREL

ВОВК
WOLF

ЛИСЕНЯТКО
FOX CUB

БОБЕР
BEAVER

WHO LIVES IN THE WOOD?

ОЛЕНЬ
DEER

БОРСУК
BADGER

МЕТЕЛИК
BUTTERFLY

ЖАБА
FROG

ЗМІЯ
SNAKE

СОВА
OWL

КРОПИВ'ЯНКА
WREN

КРІТ
MOLE

ВОРОН
RAVEN

МИША
MOUSE

ІВОЛГА
ORIOLE

СИНИЧКА
TITMOUSE

ЛИСИЦЯ
FOX

ЯЩІРКА
LIZARD

ПРИВІТ! Я ВЕДМІДЬ!

HELLO! I'M A BEAR!

Я ДУЖЕ ВЕЛИКИЙ.

I'M VERY BIG.

Я ЛАЖУ ПО ДЕРЕВАХ.

I CLIMB THE TREES.

Я ЇМ МЕД.

I EAT HONEY.

Я ЛЮБЛЮ СПАТИ.

I LIKE TO SLEEP.

ПРИВІТ! Я ЗАЄЦЬ!

HELLO! I'M A HARE!

Я ЛЮБЛЮ СТРИБАТИ.

I LIKE TO JUMP.

Я ЇМ МОРКВУ.

I EAT CARROTS.

У МЕНЕ ДОВГІ ВУХА.

I HAVE LONG EARS.

Я МИЛИЙ І ДОБРОЗИЧЛИВИЙ. ОБІЙМІМОСЯ!

I'M SWEET AND FRIENDLY. LET'S HUG!

ПРИВІТ! Я БОРСУК!

HELLO! I'M A BADGER!

МОЄ ХУТРО ЧОРНО-БІЛЕ.

MY FUR IS BLACK AND WHITE.

У МЕНЕ КОРОТКИЙ ХВІСТ.

I HAVE A SHORT TAIL.

ЦЕ МОЯ MAMA.   THIS IS MY MOM.

ПРИВІТ! Я КАБАН!
HELLO! I'M A BOAR!

У МЕНЕ ГОСТРІ
ІКЛА.

I HAVE SHARP TUSKS.

Я ЛЮБЛЮ
БІГАТИ.

I LIKE TO RUN.

Я
ПОСМІХАЮСЬ.

I'M SMILING.

ЦЕ МАЛЕНЬКЕ
ПОРОСЯ.

THIS IS A LITTLE PIGLET.

ПРИВІТ! Я ЇЖАЧОК!
HELLO! I'M A HEDGEHOG!

Я ЗБИРАЮ ГРИБИ.

I GATHER MUSHROOMS.

У МЕНЕ НА СПИНІ Є ГОЛКИ.

I HAVE SPIKES ON MY BACK.

ПОДИВИСЬ НА МЕТЕЛИКА!

LOOK AT THE BUTTERFLY!

ТИ МЕНЕ БАЧИШ?

DO YOU SEE ME?

ПРИВІТ! Я ЗМІЯ!

HELLO! I'M A SNAKE!

У МЕНЕ ДОВГЕ ЗЕЛЕНЕ ТІЛО.

I HAVE A LONG GREEN BODY.

Я ЛЮБЛЮ ПОЛЮВАТИ.

I LIKE TO HUNT.

ЦЕ МОЇ ЯЙЦЯ.

THESE ARE MY EGGS.

ОТАК Я ВІДПОЧИВАЮ.

THIS IS HOW I RELAX.

ПРИВІТ! Я КРІТ!

HELLO! I'M A MOLE!

Я КОПАЮ ГЛИБОКІ ТУНЕЛІ.

I DIG DEEP TUNNELS.

Я ХАРЧУЮСЯ КОМАХАМИ.

I EAT INSECTS.

Я НЕ ДУЖЕ ДОБРЕ БАЧУ.

I DON'T SEE VERY WELL.

АЛЕ У МЕНЕ ХОРОШИЙ НЮХ.

BUT I HAVE A GOOD SENCE OF SMELL.

ПРИВІТ! Я ВИДРА!
HELLO! I'M AN OTTER!

Я ДОБРЕ ПЛАВАЮ.
I SWIM WELL.

Я ЛОВЛЮ РИБУ.
I CATCH FISH.

Я ДУЖЕ ДОПИТЛИВА.
I'M VERY CURIOUS.

МЕНІ СНИТЬСЯ СОН.
I'M HAVING A DREAM.

ПРИВІТ! Я БІЛКА!
HELLO! I'M A SQUIRREL!

Я ЛЮБЛЮ ЇСТИ ЖОЛУДІ.

I LIKE TO EAT ACORNS.

Я ЖИВУ В ДУПЛІ.

I LIVE IN A TREE HOLLOW.

У МЕНЕ ПУХНАСТИЙ ХВІСТ.

I HAVE A BUSHY TAIL.

Я СПРИТНА.

I'M AGILE.

ПРИВІТ! Я БОБЕР!

HELLO! I'M A BEAVER!

У МЕНЕ ВЕЛИКІ ПЕРЕДНІ ЗУБИ.

I HAVE LARGE FRONT TEETH.

ГІЛОЧКИ ДЕРЕВ – МОЇ УЛЮБЛЕНІ СМАКОЛИКИ.

TREE TWIGS ARE MY FAVORITE SNACKS.

Я ВМІЮ ПІРНАТИ.

I CAN DIVE.

Я ДУЖЕ ПРАЦЬОВИТИЙ.

I'M VERY HARD-WORKING.

ПРИВІТ! Я ВОВК!
HELLO! I'M A WOLF!

Я ВИЮ НА МІСЯЦЬ.
I HOWL AT THE MOON.

Я БІГАЮ У ЛІСІ.
I RUN THROUGH THE WOOD.

ЦЕ МОЯ ВОВЧА ЗГРАЯ.
THIS IS MY WOLF PACK.

ПРИВІТ! Я ЛИСИЦЯ!

HELLO! I'M A FOX!

МОЄ ХУТРО ОРАНЖЕВЕ.

MY FUR IS ORANGE.

У МЕНЕ ЧУДОВИЙ СЛУХ.

I HAVE EXCELLENT HEARING.

МЕНІ ПОДОБАЄТЬСЯ, КОЛИ ТЕПЛО І ЗАТИШНО.

I LIKE WHEN IT'S WARM AND COZY.

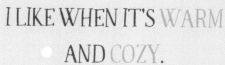

ДОПОМОЖИ МЕНІ ЗЛОВИТИ ЦЬОГО ХРОБАКА!

HELP ME CATCH THIS WORM!

ПРИВІТ! Я ЖАБА!
HELLO! I'M A FROG!

Я ЛЮБЛЮ СИДІТИ НА ЛАТАТТІ.

I LIKE TO SIT ON A LILY PAD.

Я ЛОВЛЮ ЗДОБИЧ СВОЇМ ЯЗИКОМ.

I CATCH PREY WITH MY TONGUE.

ЗНАЙОМТЕСЬ, ЦЕ МОЯ ПОДРУГА – ЛЕЛЕКА!

MEET MY FRIEND – THE STORK!

ПРИВІТ! МИ ПТАХИ!

HELLO! WE ARE BIRDS!

Я МАТУСЯ-ЗОЗУЛЯ.

I'M A MOMMY CUCKOO.

ЦЕ МОЇ ПТАШЕНЯТА.

THESE ARE MY CHICKS.

Я СОВА.
Я АКТИВНА ВНОЧІ.

I'M AN OWL.
I'M ACTIVE AT NIGHT.

Я ІВОЛГА.
Я ГАРНИЙ
ЖОВТИЙ ПТАХ.

I'M AN ORIOLE.
I'M A BEAUTIFUL YELLOW BIRD.

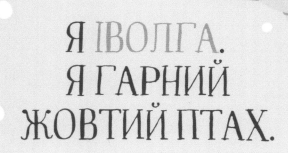

Я СИНИЧКА.
ДАВАЙ БУДЕМО
ДРУЗЯМИ!

I'M A TITMOUSE.
LET'S BE FRIENDS!

Я КРОПИВ'ЯНКА.
Я КРИХІТНА КОРИЧНЕВА ПТАШКА.

I'M A WREN.
I'M A TINY BROWN BIRD.

Я ДЯТЕЛ.
Я СТУКАЮ ПО СТОВБУРУ ДЕРЕВА...

I'M A WOODPECKER.
I PECK THE TREE TRUNK...

....І ЗНАХОДЖУ ЩОСЬ ПОЇСТИ.

...AND FIND SOMETHING TO EAT.

Я ВОРОН.
Я ВЕЛИКИЙ ЧОРНИЙ ПТАХ.

I'M A RAVEN. I'M A LARGE BLACK BIRD.

ПРИВІТ! Я ОЛЕНЬ!

HELLO! I'M A DEER!

Я ШВИДКИЙ І ГРАЦІЙНИЙ.

I'M QUICK AND GRACEFUL.

ЦЕ МІЙ ТАТО.

THIS IS MY DAD.

ПОДИВИСЬ НА МОЇ РОГА!

LOOK AT MY ANTLERS!

ПРИВІТ! Я ОСА!

HELLO! I'M A YELLOW JACKET!

Я ВМІЮ ЛІТАТИ.

I CAN FLY.

У МЕНЕ ЖОВТІ ТА ЧОРНІ СМУЖКИ.

I HAVE YELLOW AND BLACK STRIPES.

Я НЕБЕЗПЕЧНА.
Я МОЖУ ВЖАЛИТИ.

I'M DANGEROUS.
I CAN STING.

ЗМОЖЕШ НАЗВАТИ ВСІХ?
CAN YOU NAME THEM ALL?

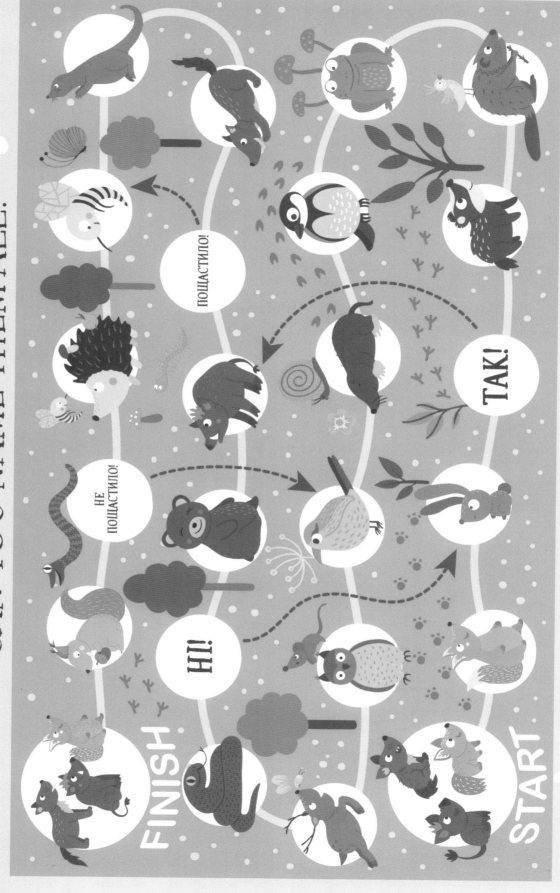

ПОБАЧИМОСЬ!

SEE YOU!

Printed in Great Britain
by Amazon

79112051R00018